Le Cercueil de Klonk

Salut!

19/4/96

DU MÊME AUTEUR

Pour les jeunes

CORNEILLES,
roman, Boréal, 1989.

ZAMBONI,
roman, Boréal, 1990.

DEUX HEURES ET DEMIE AVANT JASMINE,
roman, Boréal, 1991.
• PRIX DU GOUVERNEUR GÉNÉRAL

GRANULITE,
coll. Bilbo, Québec/Amérique Jeunesse, 1992.

KLONK,
coll. Bilbo, Québec/Amérique Jeunesse, 1993.
• PRIX ALVINE-BÉLISLE

LANCE ET KLONK,
coll. Bilbo, Québec/Amérique Jeunesse, 1994.

UN AMOUR DE KLONK,
coll. Bilbo, Québec/Amérique Jeunesse, 1995.

GUILLAUME,
coll. Gulliver, Québec/Amérique Jeunesse, 1995.

Pour les adultes

LA NOTE DE PASSAGE,
roman, Boréal, 1985.

BENITO,
roman, Boréal, 1987.

L'EFFET SUMMERHILL,
roman, Boréal, 1988.

BONHEUR FOU,
roman, Boréal, 1990.

LES BLACK STONES VOUS REVIENDRONT DANS QUELQUES INSTANTS,
roman, Québec/Amérique, 1991.

OSTENDE,
roman, Québec/Amérique, 1994.

Klonk la série

Suis les aventures
de Klonk dans :

1 - Klonk
ou comment se débarrasser des adolescents

2 - Lance et Klonk

3 - Le Cercueil de Klonk

4 - Un amour de Klonk

CHEZ QUÉBEC/AMÉRIQUE JEUNESSE

BILBO JEUNESSE

Beauchemin, Yves
ANTOINE ET ALFRED #40

Beauchesne, Yves et Schinkel, David
MACK LE ROUGE #17

Cyr, Céline
PANTOUFLES INTERDITES #30
VINCENT-LES-VIOLETTES #24

Demers, Dominique
LA NOUVELLE MAÎTRESSE #58

Duchesne, Christiane
BERTHOLD ET LUCRÈCE #54

Froissart, Bénédicte
Série Camille
CAMILLE, RUE DU BOIS #43
UNE ODEUR DE MYSTÈRE #55

Gagnon, Cécile
LE CHAMPION DES BRICOLEURS #33
UN CHIEN, UN VÉLO ET DES PIZZAS #16

Gingras, Charlotte
Série Aurélie
LES CHATS D'AURÉLIE #52
L'ÎLE AU GÉANT #59
LA FABRIQUE DE CITROUILLE #61

Gravel, François
GRANULITE #36
Série Klonk
KLONK #47
LANCE ET KLONK #53
LE CERCUEIL DE KLONK #60
UN AMOUR DE KLONK #62

Marineau, Michèle
L'HOMME DU CHESHIRE #31

Marois, Carmen

Série Picote et Galatée

LE PIANO DE BEETHOVEN #34

UN DRAGON DANS LA CUISINE #42

LE FANTÔME DE MESMER #51

Moessinger, Pierre

TROIS ALLERS DEUX RETOURS #13

Pasquet, Jacques

MYSTÈRE ET BOULE DE GOMME #8

Roberts, Ken

LES IDÉES FOLLES #6

Sarfati, Sonia

LE PARI D'AGATHE #20

Vonarburg, Élisabeth

HISTOIRE DE LA PRINCESSE ET DU DRAGON #29

GULLIVER JEUNESSE

Beauchemin, Yves

UNE HISTOIRE À FAIRE JAPPER #35

Bélanger, Jean-Pierre

Série Félix

LA BANDE À FÉLIX #32

FÉLIX ET LE SINGE-À-BARBE #38

Brochu, Yvon

Série Jacques St-Martin

ON NE SE LAISSE PLUS FAIRE #19

ON N'EST PAS DES MONSTRES #39

ARRÊTE DE FAIRE LE CLOWN #44

Cyr, Céline

LES LUNETTES D'ANASTASIE #18

LES PRISONNIERS DE MONSIEUR ALPHONSE #12

TU RÊVES, COMA #50

Dubé, Jasmine

LA TÊTE DE LINE HOTTE #23

Duchesne, Christiane

GASPARD OU LE CHEMIN DES MONTAGNES #1

VICTOR #37
LA BERGÈRE DE CHEVAUX #46
LA 42^{E} SŒUR DE BÉBERT #48
LES PÉRIPÉTIES DE P. LE PROPHÈTE #56
Série Clara Vic
LA VRAIE HISTOIRE DU CHIEN DE CLARA VIC #26
BIBITSA OU L'ÉTRANGE VOYAGE DE CLARA VIC #2

Ellis, Sarah
QUELQUE TEMPS DANS LA VIE DE JESSICA #28

Gagnon, Gilles
L'ARMÉE DU SOMMEIL #10

Goulet, Stella
MILLE BAISERS, GRAND-PÈRE #3

Gravel, François
GUILLAUME #63

Lévesque, Louise
Série Bouquinville
ENTRE DEUX TEMPS #41
LES ENFANTS D'YDRIS #27
MENACE SUR BOUQUINVILLE #21

Mercier, Johanne
LE BLOND DES CARTES #22

Noël, Mireille
Série Les Aventures de Simon et Samuel Basset
UN FANTÔME POUR L'*EMPRESS* #57

Pigeon, Pierre
L'ORDINATEUR ÉGARÉ #7
LE GRAND TÉNÉBREUX #9

Sarfati, Sonia
SAUVETAGES #25

Vonarburg, Élisabeth
LES CONTES DE LA CHATTE ROUGE #45

Le Cercueil de Klonk

FRANÇOIS GRAVEL
ILLUSTRATIONS : PIERRE PRATT

ROMAN

60

QUÉBEC/AMÉRIQUE JEUNESSE
1380 A, rue de Coulomb
Boucherville, Québec J4B 7J4
Tél. : (514) 655-6084 • fax : (514) 655-5166

Données de catalogage avant publication (Canada)

Gravel, François
Le cercueil de Klonk
(Bilbo jeunesse ; 60)
Pour les jeunes.

ISBN 2-89037-685-0
I. Titre. II. Collection.

PS8563.R388C47 1995 jC843' .54 C95-940099-0
PS9563.R388C47 1995
PZ23.G72Ce 1995

Les Éditions Québec/Amérique bénéficient du programme de subvention globale du Conseil des Arts du Canada.

Dépôt légal :
1er trimestre 1995
Bibliothèque nationale du Québec
Bibliothèque nationale du Canada

Diffusion :
Éditions françaises
1411, rue Ampère
Boucherville (Québec)
J4B 5Z5
(514) 641-0514
(514) 871-0111 - région métropolitaine
1-800-361-9635 - région extérieure
(514) 641-4893 - télécopieur

Révision linguistique : Diane Martin
Montage : Caroline Fortin
Réimpression : août 1995

CHAPITRE UN

J'ai toujours aimé les cimetières. Ce sont des endroits calmes, les arbres y sont magnifiques et il est très agréable d'y marcher tranquillement tout en conversant avec son meilleur ami. Du moins en été. Ou alors en automne, quand les feuilles se colorent. En plein cœur de l'hiver, cependant, il faut être un peu fou pour aller se faire fouetter par un vent glacial, entre des rangées de pierres tombales.

Lorsque Klonk m'avait téléphoné, depuis Québec, pour m'inviter à aller me promener avec lui dans un cimetière, j'avais pourtant accepté sa proposition avec enthousiasme.

Je lui avais évidemment demandé pourquoi il voulait qu'on se rencontre dans un lieu aussi sinistre, mais il s'était contenté de me répondre que je verrais bien.

Klonk a de nombreux défauts, parmi lesquels cette fâcheuse manie de ne jamais répondre directement aux questions qu'on lui pose. Il aime bien s'entourer de mystère et il a sans doute de bonnes raisons d'agir ainsi.

Klonk est en effet un personnage hors du commun. Nous avions onze ans à peine quand nous nous sommes connus. À cette époque, il réussissait déjà à disparaître (à disparaître *vraiment*) aussitôt qu'il se plongeait le nez dans un livre.

Quand je l'avais revu, après avoir perdu sa trace pendant de trop nombreuses années, il était passé maître dans l'art de contrôler les ondes de son cerveau. Rien n'était plus facile pour lui que de déplacer des objets par la seule force de sa pensée. Il pouvait ainsi se concentrer sur une rondelle de hockey et la faire dévier de sa trajectoire juste avant qu'elle n'arrive au gardien adverse. Grâce à ce don, il avait réussi à faire emprisonner un important réseau de membres de la pègre, spécialisé dans les paris illégaux.

Cette aventure m'avait valu bien des sueurs froides, mais quand j'y pense, aujourd'hui, je me dis que ce n'était, somme toute, qu'un hors-d'œuvre, un amusement inoffensif.

CHAPITRE
DEUX

Tout cela avait donc commencé au cimetière de l'Est, tout près de chez moi. Nous marchions lentement, bravant le froid de décembre en parlant de choses et d'autres lorsque Klonk, soudainement, s'était souvenu que son grand-père était enterré dans ce cimetière. Nous avions mis un bon moment à trouver sa tombe, où Klonk s'était recueilli quelques instants.

— Tu le connaissais bien? lui avais-je demandé.

— Pas du tout, non. Il est mort longtemps avant ma naissance, mais mon père m'a souvent parlé de lui. Il avait fait fortune pendant la prohibition, aux États-Unis. Les Américains n'avaient

pas le droit d'importer d'alcool, mais mon grand-père leur en vendait quand même.

— Il était contrebandier ?

— Si on veut, oui. Mon grand-père préférait qu'on dise qu'il était un homme d'affaires... Il remplissait des cercueils de bouteilles de gin ou de scotch, et puis il passait la frontière en laissant croire que le cercueil contenait la dépouille d'un Américain.

— Les douaniers ne se doutaient de rien ?

— Mon grand-père faisait bien les choses : il louait un corbillard de luxe et il engageait des comédiens en chômage pour jouer les rôles de la famille éplorée. Même s'ils avaient eu un doute, les douaniers n'auraient jamais osé ouvrir le cercueil...

— Et qu'est-il advenu de la fortune de ton grand-père ?

— Personne ne le sait. Peut-être l'a-t-il dilapidée en jouant aux cartes ou en pariant aux courses de chevaux. On peut aussi imaginer qu'il l'a cachée quelque part. Dans un cercueil, par exemple.

Je regardais la pierre tombale, sur laquelle un écureuil venait tout juste de grimper, et j'essayais d'imaginer un cercueil rempli de bouteilles d'alcool, ou peut-être même de cigarettes ou de drogue... Qui sait si les trafiquants, aujourd'hui, n'utilisent pas le même truc?

— Ce serait idiot, me dit soudainement Klonk, comme s'il lisait dans mes pensées.

— ... Qu'est-ce qui serait idiot?

— D'utiliser ce moyen pour faire le trafic de drogue ou de cigarettes. Les douaniers connaissent la combine depuis longtemps!

— Mais comment as-tu fait?...

— Pour deviner tes pensées? Rien de plus facile. Il suffisait de regarder ton front, qui se plisse toujours quand tu réfléchis, puis tes yeux, qui s'arrondissent quand tu trouves quelque chose. Loin de moi l'idée d'insinuer que tu n'as pas beaucoup d'imagination, mais tu dois admettre que n'importe qui, dans les mêmes circonstances, aurait fait le même raisonnement : et si on remplaçait l'alcool par des cigarettes ou de la drogue ? Les trafiquants ont de bien meilleures méthodes, crois-moi... Il commence à faire un peu froid, tu ne trouves pas ? Qu'est-ce que tu dirais d'aller rendre visite à un marchand de cercueils, histoire de nous réchauffer un peu ?

— Un marchand de cercueils ? Pour quoi faire ?

— Pour rien, une idée, comme ça.

— Comme je te connais, toi, tu as quelque chose derrière la tête !

En guise de réponse, j'ai dû me contenter d'un sourire mystérieux. Il est vrai qu'il commençait à faire froid, aussi avons-nous accéléré le pas, si bien qu'il nous était devenu difficile de parler. Mais était-ce bien à cause du froid que son front était si plissé ? Il réfléchissait, bien sûr, mais à quoi ? Comment deviner ce qui peut se passer dans ce cerveau hors de l'ordinaire ?

Si Klonk m'avait invité à marcher dans ce cimetière, c'était qu'il voulait me faire comprendre quelque chose, j'en étais convaincu. Dans quelle étrange aventure cherchait-il à m'entraîner cette fois-ci ? Voulait-il déjouer un réseau de contrebandiers ? Se lancer sur la piste de la fortune de son grand-père ? Rien ne m'aurait servi de le presser de questions. Je connaissais suffisamment bien mon vieil ami pour savoir qu'il serait muet comme une tombe.

CHAPITRE TROIS

Je ne savais pas que Klonk pouvait être aussi bon comédien. Quand le commis du magasin de cercueils lui avait demandé l'identité du défunt, il avait répondu en lui donnant le nom de son grand-père. Celui-ci était mort un demi-siècle plus tôt mais, à entendre la voix chevrotante de Klonk, on aurait juré qu'il était décédé la veille.

Le commis, plein de commisération, avait posé quelques questions auxquelles Klonk avait répondu sans broncher : le pauvre homme, avait-il inventé, était mort à quatre-vingt-quinze ans, victime d'une crise cardiaque survenue alors qu'il soulevait des haltères. Grand amateur de pêche à l'espadon, il voulait être enterré en Floride. Il faudrait donc un cercueil solide, pour supporter un si long voyage...

À ma grande surprise, le commis n'avait pas sourcillé. « Je pense avoir ce qu'il vous faut », nous avait-il dit avant de nous entraîner dans ce qu'il appelait la salle de montre.

Le papier peint était mauve, les tuiles du plancher noires, et des dizaines, des centaines de cercueils étaient exposés sur des cubes recouverts d'une épaisse moquette blanche. Ils étaient éclairés par des projecteurs qui faisaient reluire les vernis et chatoyer les tissus de velours ou de satin dont ils étaient tapissés. Entre chaque cercueil, on avait disposé d'immenses bouquets de fleurs artificielles ; peut-être aussi avait-on répandu dans l'air un parfum, artificiel lui aussi, dans le but de rappeler l'ambiance des salons funéraires. Malgré tous les efforts que les décorateurs avaient faits, je n'arrivais pas à croire vraiment à cette ambiance. A-t-on déjà vu un salon funéraire grand comme un terrain de football?

Plus je me promenais entre les rangées de cercueils, plus je me sentais en visite chez un concessionnaire d'automobiles.

Les descriptions, qu'on pouvait lire sur de petits écriteaux, ressemblaient en effet beaucoup au genre de prose que l'on retrouve habituellement chez les marchands d'automobiles. On y parlait de l'assemblage, de la solidité et de la qualité des tissus! Il ne manquait plus que la garantie et la cote de consommation d'essence. Même les prix faisaient penser à ceux des automobiles : certains cercueils se vendaient en effet plus de dix mille dollars!

J'en étais soufflé. Tant d'argent, tant de luxe pour une boîte de bois qu'on enterrerait ensuite six pieds sous terre!

Perdu dans mes réflexions, je m'étais laissé distancer par Klonk et le commis, qui étaient rendus à l'autre bout de la salle. Quand je les ai rejoints, ils discutaient des mérites d'un cercueil qui me semblait relativement sobre. D'après l'écriteau, il était fait de planches de pin qui avaient été teintes pour leur donner l'aspect du chêne; les poignées, qui ressemblaient à s'y méprendre à du bronze, étaient en plastique. Je ne voyais franchement pas ce qui pouvait justifier qu'un tel objet se vende plus de douze mille dollars!

— C'est cher, non? ai-je dit au commis, pour me mêler à la conversation.

— Pas du tout, m'a-t-il répondu. C'est l'intérieur qu'il faut juger. Il n'y a pas de modèle plus confortable.

— Allez-vous me faire croire qu'il y a l'air climatisé?

— C'est possible, oui, moyennant un léger supplément.

Je n'étais pas encore remis de sa réplique que Klonk, à ma grande surprise, enjambait le cercueil et s'y installait, comme s'il voulait piquer un petit somme.

— Voudriez-vous baisser le couvercle, s'il vous plaît, que je puisse en juger par moi-même?

Le commis s'était exécuté de bonne grâce, comme si sa demande avait été parfaitement naturelle.

— Arrive-t-il souvent que les clients vous demandent d'essayer les cercueils?

— C'est très courant, oui. On ne s'embarque pas pour un aussi long voyage sans prendre quelques précautions.

Au bout de trop longs instants, Klonk avait enfin relevé le couvercle.

— Très confortable, vraiment.

C'est frais, sombre, silencieux... Je pense qu'il n'y a pas de meilleur endroit pour se concentrer. Désires-tu l'essayer?

— Une autre fois, si tu veux bien. Je ne suis pas pressé...

Ensuite, s'adressant au commis, il avait dit qu'il devait encore y réfléchir, mais qu'il téléphonerait quelques heures plus tard pour confirmer la commande.

— As-tu vraiment l'intention d'acheter ce cercueil? ai-je demandé à Klonk comme nous sortions du magasin.

— Peut-être bien, oui. Il est tellement confortable que j'ai envie d'en acheter une douzaine!

Il avait alors éclaté de rire, comme s'il avait dit quelque chose d'extraordinairement drôle, et j'étais resté pantois.

L'humour de Klonk est parfois difficile à saisir. Mais était-ce bien de l'humour?

CHAPITRE QUATRE

Pour terminer cette journée en beauté, Klonk m'avait invité à manger dans un restaurant tournant, niché au sommet d'un grand hôtel. Je n'aime pas tellement ce genre d'endroits, habituellement. Le panorama y est magnifique, mais la nourriture est bien ordinaire et je n'apprécie guère les vagues qui se forment dans mon potage quand le moteur a des ratés.

Klonk avait tellement insisté que j'avais cependant fini par accepter. J'ai dû admettre qu'il avait eu une excellente idée : il y avait en effet, ce soir-là, une éclipse de lune. Aurait-on pu imaginer un meilleur endroit pour admirer ce phénomène ?

Je me souviendrai toujours de cette étrange soirée. Suspendus entre ciel et terre, nous mangions lentement notre repas en devisant agréablement, tout en contemplant les lumières de la ville. La lune, au-dessus du stade olympique, se dissimulait doucement sous l'ombre de la terre. Nous étions dans un autre monde, Klonk et moi, un monde magique où le temps semblait arrêté.

Quand la lune a été totalement cachée, notre conversation a pris subrepticement une drôle de tournure. Après avoir parlé de cimetières et de cercueils, nous en étions venus à nous demander ce qui pouvait arriver après la mort. Y a-t-il vraiment un paradis et un enfer, comme le pensent les catholiques? Si l'enfer existe, y brûle-t-on pendant toute l'éternité? Et s'il y a un paradis, est-ce que ça ne devient pas un peu ennuyant, à la longue, de jouer de la harpe sur un nuage? Peut-être aussi n'y a-t-il rien du tout, comme le pensent les athées, même si c'est difficile à admettre?

Et si les hindous avaient raison? Peut-être notre âme se réincarne-t-elle dans un autre corps, peut-être continue-t-elle à vivre sous la forme d'un poisson, d'un pingouin ou d'un maringouin? Peut-être l'âme dispose-t-elle de plusieurs vies, comme dans un jeu Nintendo, avant d'atteindre finalement le nirvana, le paradis des hindous?

Tout le monde voudrait savoir ce qui se passe après la vie. L'ennui, évidemment, c'est que personne ne veut mourir. Et comment le savoir sans mourir?

Nous avions ensuite parlé des nombreux livres qui ont été écrits sur le sujet. Toutes les personnes qui, à la suite d'un accident ou d'une maladie grave, ont été déclarées cliniquement mortes, font, semble-t-il, le même genre de témoignage lorsqu'elles reviennent à la vie. Elles ont eu l'impression d'entrer dans un long tunnel sombre au bout duquel il y avait une étrange lumière, à la fois douce et aveuglante. Dans cette lumière les attendaient des amis ou des parents décédés avant eux.

J'avais lu quelques-uns de ces livres, moi aussi, mais je pensais que ces expériences ne pouvaient pas être vraiment concluantes. Ces gens-là n'étaient pas vraiment morts, puisqu'ils étaient ensuite revenus à la vie. Leur cerveau avait continué à fonctionner, et tout ce qu'ils avaient vu était sans doute le produit de leur imagination.

— Tu as peut-être raison, avait répondu Klonk, songeur.

Quand la lune avait commencé à sortir de l'ombre, nous nous étions attaqués à l'escalope que le serveur nous avait apportée. Klonk mangeait en silence, perdu dans ses pensées, comme s'il réfléchissait encore à ce que nous venions de dire. Quant à moi, je regardais mon ami couper sa viande avec difficulté : Klonk avait été victime de la polio dans son enfance et il avait encore un peu de mal à tenir sa fourchette avec son bras artificiel. Souvent, quand la viande était un peu coriace, il devait se pencher à un point tel que sa tête touchait presque la table. Je me souvenais qu'il avait aussi cette attitude, à l'école, quand il devait tenir sa règle pour souligner un mot ou une phrase. Malgré son handicap, Klonk refusait toujours qu'on l'aide. Il était très orgueilleux. Peut-être même un peu trop, à bien y penser.

— Rien n'empêche, a-t-il fini par ajouter, que ce serait quand même formidable si on pouvait faire comme la lune : *mourir un peu*, et revenir pour raconter comment ça se passe de l'autre côté...

— Impossible, avais-je répondu. On ne peut pas mourir un peu, tu le sais bien. Pour savoir ce qui se passe de l'autre côté, il faudrait mourir pour de bon, et j'espère, autant pour toi que pour moi, que cela ne nous arrivera pas de sitôt.

— Tu as raison. *N'empêche que ce serait une expérience passionnante...*

La lune était complètement réapparue quand nous avons quitté le restaurant et nous avions depuis longtemps changé de sujet de conversation. J'étais ensuite allé reconduire Klonk au terminus d'autobus, sans me douter que l'aventure la plus étrange que j'aie jamais vécue venait ainsi de commencer.

CHAPITRE CINQ

L'hiver était passé sans que je revoie mon ami Klonk. Je ne m'inquiétais pas outre mesure de son silence. Klonk vivant à Québec et moi à Montréal, il n'était pas facile de nous rencontrer. Nous étions de plus très occupés, à ce moment-là, moi à terminer un roman qui me donnait beaucoup de mal, et lui à je ne sais trop quelles expériences.

Au mois de mars, j'avais été un peu étonné de recevoir une carte postale en provenance de Colombie. Je trouvais étrange que Klonk ne m'ait jamais parlé de ce projet de voyage en Amérique du Sud, mais il est vrai que mon ami, qui n'avait jamais eu à travailler pour gagner sa vie, n'avait de comptes à rendre à personne. J'étais un peu jaloux de sa liberté, je dois l'avouer. J'aurais bien aimé partir, moi aussi, loin de cet hiver qui n'en finissait plus.

Un peu plus tard, j'avais reçu une seconde carte postale, en provenance cette fois du Pérou. Klonk me parlait de température, de monuments et de paysages, comme tout bon touriste qui écrit à ses amis. Je me souviens d'avoir été un peu déçu de la teneur de ses messages. Ses propos étaient en effet si banals qu'ils auraient tout aussi bien pu être imprimés par les fabricants des cartes postales.

Sa troisième carte, en revanche, m'avait inquiété. Elle provenait du Mexique, et Klonk me disait qu'il rentrerait enfin au Québec vers le début du mois de juin. Il pourrait alors, précisait-il, commencer enfin son grand voyage.

De quel voyage voulait-il parler ? N'était-il pas déjà en voyage ? Pourquoi voulait-il rentrer au Québec si c'était pour repartir aussitôt ? Je me suis alors souvenu de la conversation que nous avions eue dans le restaurant tournant : *mourir un peu, pour savoir ce qui se passe de l'autre côté...* Klonk serait-il assez fou pour courir un tel risque ?

Pendant tout le mois d'avril, le facteur m'apporta presque chaque matin une nouvelle carte postale, provenant chaque fois d'un pays ou d'une ville différente. Les messages étaient souvent semblables, comme si Klonk avait eu peur qu'une des cartes se perde en chemin, et ils n'avaient plus rien de touristique : « Essaie de te libérer de toutes tes activités pendant les premiers jours de juin, m'écrivait-il depuis Chicago. Tu ne le regretteras pas. » Suivait un post-scriptum : « Tu n'as rien oublié, j'espère, de notre journée au cimetière ? »

« Quoi qu'il arrive, écrivait-il encore depuis Toronto, je veux que tu saches que je ne pouvais pas faire autrement. La lune revient toujours après les éclipses. »

Les semaines passaient et, rongé d'inquiétude, je regardais sans cesse mon calendrier. Il m'avait annoncé son retour pour les premiers jours du mois de juin, sans plus de précision. Comme il changeait continuellement d'hôtel, de ville et de pays, et que je ne savais rien de son itinéraire, il m'était impossible de le joindre.

Dès le début de juin, je téléphonai chaque jour chez lui, pour me buter chaque fois à son répondeur.

Il m'a fallu attendre encore une semaine pour savoir qu'il était enfin revenu. C'était du moins ce que je pouvais supposer : il avait en effet modifié le message de son répondeur. Au lieu de dire qu'il lui était impossible de répondre pour le moment, il parlait plutôt d'une *courte éclipse*...

Quand je discutais de tout cela avec Agathe, mon épouse, elle me disait toujours que j'avais trop d'imagination. Klonk s'était toujours amusé à tenir des propos mystérieux, pourquoi s'en faire? Il était peut-être un peu fou, mais pas au point de vouloir *mourir un peu*. C'était une idée absolument stupide, qui ne méritait pas que je me tourmente.

Elle avait sans doute raison, mais j'étais pourtant convaincu que j'avais de bonnes raisons de m'inquiéter.

J'en ai bientôt eu la preuve : nous parlions encore de Klonk, Agathe et moi, quand le facteur a sonné à la porte pour nous livrer une lettre recommandée, que j'ai ouverte aussitôt.

Québec, le 10 juin

Cher ami,

Après avoir mûrement réfléchi, j'ai décidé de passer, moi aussi, du côté de l'ombre. N'essaie pas de me téléphoner ni de m'écrire. Là où je serai, j'ai bien peur qu'il te soit impossible de me contacter. Ne t'inquiète pas, je communiquerai avec toi aussitôt rentré de cette petite... excursion. Si tout va bien, je t'appellerai le treize juin, au plus tard. Si jamais il m'arrivait malheur, je te prie de communiquer avec mon voisin, le notaire Martineau, il saura quoi faire.

Amicalement,

Klonk

J'ai lu et relu la courte lettre dix fois. *Passer du côté de l'ombre. Une petite excursion.* Et l'adresse d'un notaire, sans doute chargé de me faire la lecture de son testament, au cas où son expérience tournerait mal... Klonk avait donc décidé de mourir un peu ! Quelle folie !

J'ai ensuite montré la lettre à mon épouse, qui a eu la même idée que moi.

— Tu as peut-être raison, après tout. Nous sommes le douze...

Elle n'avait pas eu le temps de terminer sa phrase que j'étais déjà au volant de mon automobile.

CHAPITRE SIX

Je roulais à toute vitesse sur l'autoroute déserte, en pensant aux moyens qu'avait pu prendre Klonk pour mener son expérience. Comment peut-on arriver à mourir un peu ? Peut-être avait-il consommé une espèce de poison qui l'avait plongé dans un coma profond ? Peut-être était-ce pour se procurer ce poison qu'il avait voyagé si longtemps en Amérique du Sud ? Et ne m'avait-il pas écrit, sur une de ses cartes postales, qu'il avait enfin trouvé ce qu'il cherchait ?

Mais à quoi pouvait servir une telle expérience ? S'il arrivait vraiment à *mourir un peu* et à entrevoir ce qui se passait de l'autre côté, tout le monde dirait qu'il était sous l'effet d'une drogue, tout simplement, et qu'il avait été victime d'hallucinations.

Je préférais pencher pour une seconde hypothèse, plus proche de ce que je savais de Klonk. S'il réussissait à contrôler les ondes de son cerveau au point de disparaître et de déplacer des objets à distance, ne pouvait-on pas l'imaginer, étendu sur son lit et ordonnant aux ondes de son cerveau de s'éteindre, une à une, n'en gardant allumée qu'une seule, comme une veilleuse?

Peut-être est-il possible d'ordonner de telles choses à son cerveau, je n'en sais rien. Mais il faut aussi pouvoir se réveiller. *Et si la petite veilleuse ne fonctionnait pas?*

Il était deux heures du matin quand je suis enfin arrivé devant la maison de Klonk. La nuit était fraîche, mais aucun vent n'agitait les arbres qui poussaient en broussaille sur son terrain. Tout était étrangement immobile, comme figé sous l'éclairage de la lune qui projetait sa lumière couleur crème sur les tourelles et les lucarnes. La maison de Klonk m'avait toujours paru étrange. Mais là, au milieu de la nuit, sous cette lumière presque surnaturelle et dans le silence total qui enveloppait tout le quartier, elle me semblait carrément lugubre.

Aucune des maisons du voisinage n'était éclairée par la moindre lumière. Tout le monde dormait. Les fenêtres de la maison de Klonk n'étaient pas éclairées, elles non plus. Klonk dormait peut-être, lui aussi. Il était même possible qu'il dorme *un peu trop dur*...

J'ai refermé délicatement la portière de mon automobile, pour ne pas alerter les voisins, puis je me suis engagé dans l'entrée. La porte était verrouillée et je n'avais pas la clé. Comment faire pour entrer sans attirer l'attention des voisins? Forcer la porte? Impossible, à moins d'être un cambrioleur professionnel.

Il y avait tellement de fenêtres dans la maison de Klonk, qui était par ailleurs un propriétaire négligent, que j'étais certain d'en trouver une que je réussirais à ouvrir sans trop de peine.

J'ai donc contourné la maison, essayant d'ouvrir chaque fenêtre et tentant de faire le moins de bruit possible. La nuit était tellement silencieuse que le moindre craquement de branche morte, le moindre crissement du sable sous mes pas me semblaient produire des dizaines de décibels. Les voisins, heureusement, paraissaient dormir comme des bûches.

Les fenêtres étaient toutes hermétiquement fermées, sauf une, qui était entrouverte et qui donnait sur la partie la plus sombre de la cour. Je l'ai donc

ouverte un peu plus, puis je me suis glissé à l'intérieur. Je venais à peine de me redresser que je me suis retrouvé au cœur d'un horrible vacarme où se mêlaient des hurlements sinistres, des bruits de chaînes et de grands rires sadiques à vous glacer le sang. Figé par la terreur, j'ai alors vu apparaître, au fond de la salle, une espèce de masse informe et blanchâtre qui ressemblait vaguement à un être humain, *un être humain qui aurait mesuré plus de deux mètres et qui aurait eu les yeux rouges et lumineux.*

J'étais tellement terrorisé par cette apparition que je n'ai pas trouvé la force de déguerpir. Je restais là, immobile, regardant dans les yeux ce monstre, ou ce fantôme... Ce fantôme? Et si c'était Klonk?

— Klonk?

Ma bouche s'était ouverte, mais aucun son n'en était sorti.

J'ai essayé une deuxième fois :

— Klonk? C'est toi, Klonk?

Le fantôme ne bronchait pas. J'aurais voulu prendre mon courage à deux mains, mais j'en avais tellement peu qu'une seule a suffi.

Reprenant mes esprits, je me suis approché du fantôme qui n'était, en réalité, qu'un drap posé sur un portemanteau. J'ai enlevé le drap d'un coup sec pour découvrir un magma de fils reliés à un magnétophone et à des lumières d'arbre de Noël.

Si Klonk ne m'avait jamais parlé de son système antivol, je pense que je serais mort de peur.

CHAPITRE SEPT

Après tout le vacarme que j'avais fait en déclenchant son système d'alarme, je m'attendais à voir accourir tout le voisinage et des dizaines de policiers qui auraient encerclé la maison, mais il n'en fut rien. Peut-être les voisins n'avaient-ils rien entendu. Peut-être aussi avaient-ils réagi comme la plupart des gens, en pareilles circonstances : ils se disent « tiens, encore une fausse alerte », puis ils se rendorment.

Quoi qu'il en soit, j'ai cru bon de ne pas allumer les lumières et c'est dans l'obscurité presque totale que j'ai poursuivi l'exploration de la maison.

Je me suis d'abord dirigé vers la cuisine, où j'ai ouvert la porte du réfrigérateur, pour faire un peu de lumière. J'ai été un peu étonné de voir qu'il était presque vide. Il n'y avait qu'une pinte de lait en carton, qui me semblait gonflée comme un ballon. Le phénomène était facile à comprendre quand on regardait la date d'expiration : meilleur avant le 12 février...

Le 12 février? Klonk n'avait donc rien mangé depuis son retour de voyage? Cela me semblait étrange, mais j'avais autre chose à faire que de rester planté devant un réfrigérateur presque vide. En ouvrant toute grande la porte, je pouvais maintenant apercevoir toute la cuisine et même une partie de la salle à manger.

Et ce que j'ai vu alors dans la salle à manger était bien suffisant pour que je n'aie plus à chercher : au milieu de la pièce se trouvait un cercueil.

Au diable la discrétion, j'ai allumé la lumière. Et j'ai reconnu immédiatement le cercueil à douze mille dollars que nous avions vu, quelques mois plus tôt. Le cercueil dans lequel Klonk s'était étendu, pour juger de son confort. *Je pense qu'il n'y a pas de meilleur endroit pour se concentrer*, avait-il dit...

Ainsi, Klonk avait bel et bien tenté l'expérience. Depuis combien de temps était-il là, dans ce cercueil, à essayer de débrancher les ondes de son cerveau, pour mourir un peu ?

Combien de temps un être humain peut-il reposer ainsi, dans une boîte hermétique, sans boire ni manger ?

Je n'avais pas le droit de le laisser mourir, ne serait-ce qu'un peu. Il fallait que je le réveille. J'ai ouvert le cercueil, m'attendant au pire.

Il était vide. Absolument, totalement vide. Pas la moindre trace de Klonk. À moins que...

J'avais déjà vu Klonk se concentrer à un tel point sur les ondes de son cerveau qu'il réussissait à disparaître. Était-il possible que?... Lentement, j'ai tendu la main à l'intérieur du cercueil pour toucher le corps invisible de Klonk. Rien, toujours rien que du vide, un vide qui me semblait, curieusement, aussi frais que l'intérieur de son réfrigérateur.

En examinant le cercueil, j'ai vite compris d'où venait cette impression : Klonk avait acheté un modèle climatisé!

Je me suis effondré dans un fauteuil, cherchant à récapituler ce qui avait bien pu se produire.

Il était facile de comprendre comment ce cercueil se retrouvait dans la salle à manger de Klonk. Le soir de l'éclipse de lune, il avait dû téléphoner au marchand, sans que je m'en rende compte, pour passer sa commande. Ensuite il était parti faire son long voyage en Amérique du Sud, sans doute pour se procurer une herbe ou un champignon quelconque dont il avait besoin pour mener à bien son expérience. Ce produit était peut-être destiné à lui permettre de passer des jours et des nuits sans manger ni boire, je ne le saurais sans doute jamais.

Après quoi il était rentré chez lui, avait consommé ce produit, puis il s'était étendu dans son cercueil, cherchant à éteindre, une à une, les ondes de son cerveau, dans le but de mourir un peu. Il s'était si bien concentré qu'il avait disparu, totalement disparu. Son excursion, comme il le disait, devait se terminer le treize juin. Au plus tard. Et il était presque trois heures du matin, le treize juin... Si Klonk devait revenir de son voyage, il lui restait donc vingt et une heures...

Où pouvait-il bien être? Avait-il vu l'étrange lumière au bout du tunnel? Avait-il aperçu le paradis ou l'enfer? Ou bien était-il...

C'est à ce moment-là que j'ai entendu un grattement à la porte. Un tout petit bruit de rien du tout mais qui, dans le silence de la nuit, prenait des proportions effrayantes. Je me suis approché, doucement, prêtant l'oreille, et j'ai entendu un miaulement plaintif. Se pouvait-il que?... Quand j'ai ouvert la porte et que j'ai aperçu ce chat, *ce chat qui n'avait que trois pattes*, j'ai su que c'était...

— Klonk! Qu'est-ce qui est arrivé?

CHAPITRE
HUIT

Le chat à trois pattes est aussitôt entré et s'est dirigé tout droit vers la cuisine. Il connaissait la maison!

Il est allé, en boitillant, s'asseoir devant le réfrigérateur, comme s'il s'attendait à ce que je lui serve un bol de lait. Voyant que je n'ouvrais pas la porte, il est venu frôler mes jambes.

— Klonk! Tu as été réincarné en chat? C'est toi, Klonk? Parle-moi, dis-moi quelque chose!

Mais le chat ne disait rien, il miaulait, tout simplement, d'un miaulement rauque, comme s'il était fatigué après un long voyage...

— Tu as faim? Tu as soif?

Il miaulait encore, comme s'il avait compris ce que je lui disais!

— Je ne peux pas te donner de lait, malheureusement, celui-là est sûrement caillé... Un peu d'eau, peut-être?

Le chat, encore une fois, miaulait en me regardant dans les yeux.

Je lui ai donc versé un peu d'eau, qu'il a lapée à toute vitesse, tandis que je cherchais, dans les armoires de Klonk, quelque chose qu'il pourrait manger. Il y avait bien quelques boîtes de nourriture pour chat, mais jamais je n'aurais osé offrir cela à Klonk. J'ai finalement trouvé une boîte de thon, que je lui ai servi dans une belle assiette de porcelaine, posée sur un napperon. (J'ai pensé lui donner aussi des ustensiles, mais a-t-on déjà vu un chat manger avec une fourchette?)

Tandis que le chat mangeait avec appétit, je ne cessais de lui poser des questions :

— Est-ce bien toi, Klonk? Tu as

été réincarné en chat, c'est bien ça? Vas-tu toujours rester comme ça? M'entends-tu, Klonk?

Mais le chat se conduisait désespérément comme un chat. Son assiette terminée, il s'est longuement léché les babines, puis il s'est lavé, ce qui semblait assez difficile, étant donné qu'il lui manquait une patte de devant.

Il s'est ensuite dirigé vers le salon où, d'un saut agile, il a bondi sur le sofa. Il s'est étiré, comme le font tous les chats, puis s'est roulé en boule pour s'endormir.

— Tu ne vas pas dormir, Klonk? Essaie de me parler, dis-moi quelque chose, n'importe quoi! Tiens, j'ai une idée : tu miaules une fois pour dire oui, et deux fois pour dire non, d'accord? Est-ce que c'est bien toi, Klonk?

Le chat dormait profondément, sans se soucier le moins du monde de mes questions.

Je me sentais, à vrai dire, un

peu ridicule. Mais les gens qui ont des chats et des chiens, ou même des poissons rouges, ne disent-ils pas des choses plus ridicules encore à leurs animaux? Et ce chat n'était peut-être pas un animal ordinaire, il était peut-être la réincarnation de Klonk!

Je me suis assis dans le fauteuil, en face du sofa, et j'ai gardé les yeux rivés sur le chat à trois pattes. Peut-être était-il trop fatigué pour communiquer avec moi? Peut-être y arriverait-il dans quelques heures, quand il serait bien reposé? Mais que se passerait-il si ce chat avait complètement oublié qu'il avait déjà été Klonk, dans une vie antérieure?

J'avais vécu tant d'émotions en si peu de temps que je me suis endormi sur ces réflexions.

Je me suis réveillé en sursaut le lendemain matin. En sursaut et en sueur : j'avais rêvé que j'avais été transformé en souris à trois pattes et que j'étais poursuivi par Klonk!

J'ai regardé ma montre : neuf heures. Qu'est-ce que je faisais là, endormi dans le fauteuil de Klonk? M'extirpant lentement de mon sommeil, je me suis souvenu des événements de la veille. Le chat à trois pattes! Où était-il?

J'ai cherché dans toute la maison et je l'ai finalement retrouvé dans la salle de bains. Il buvait de l'eau des toilettes!

Si ce chat avait réellement été Klonk dans une vie antérieure, j'étais maintenant certain qu'il n'en avait gardé aucun souvenir. Pauvre Klonk!

Je lui ai servi un autre bol d'eau fraîche et une portion de thon, puis, en m'étant assuré qu'il ne pourrait pas sortir de la maison, j'ai décidé d'aller rendre visite au notaire Martineau.

CHAPITRE
NEUF

Rien qu'à voir son parterre, je sentais que le propriétaire de cette maison, voisine de celle de Klonk, ne me serait pas sympathique. Pas le moindre brin d'herbe ne dépassait de la pelouse, aussi plane qu'un tapis de billard. Les quelques arbres, trop rares, qui décoraient le terrain étaient taillés en boules parfaites. Il ne leur manquait que des numéros pour qu'elles ressemblent à des boules de billard. Le trottoir sur lequel je m'étais engagé, après avoir franchi la grille, était bordé de pierres rondes, toutes peintes en blanc, et tellement pareilles les unes aux autres que je n'aurais pas été surpris qu'elles aient été en plastique. Le parterre de Klonk était peut-être négligé mais il me semblait beaucoup plus sympathique, plus vivant que celui du notaire Martineau.

Quand le notaire est venu m'ouvrir la porte, son apparence ne m'a pas étonné : ses cheveux et sa moustache étaient aussi bien taillés que sa pelouse. J'étais pour ma part un peu gêné : j'étais tellement préoccupé par le sort de Klonk que je n'avais même pas pris la peine de me raser. Mes vêtements, que j'avais gardés toute la nuit, étaient horriblement froissés. Peut-être me prendrait-il pour un vagabond ?

Maître Martineau a semblé un peu méfiant quand je me suis présenté comme un ami de Klonk, mais il m'a tout de même invité à le suivre dans son bureau.

Je me suis assis dans un fauteuil de cuir blanc, pendant que le notaire contournait son immense bureau de verre.

— Ainsi donc, vous êtes un ami de mon voisin. Un drôle de numéro, celui-là!

— Klonk est un personnage assez original, en effet.

— Original! Vous voulez dire que c'est un hurluberlu! Pas même capable de tailler ses arbres ni d'entretenir sa pelouse! Et puis toutes ces antennes, sur le toit, vous trouvez ça beau, vous?

Klonk et le notaire Martineau n'étaient pas les meilleurs amis du monde, d'après ce que je pouvais voir, mais il y avait plus pressé que de discuter de la beauté de ses antennes.

— Est-ce que mon ami ne vous a pas remis... quelque chose pour moi? (Je n'osais pas parler d'un testament.)

— Quelque chose qui ressemble à un testament holographe, oui.

— Un testament?...

— Holographe. Écrit à la main, si vous préférez. Et horriblement mal écrit. Puisque vous êtes venu pour ça, je vais vous le lire. Où est-ce que j'ai bien pu ranger ce torchon? Ah! le voici! Je lis : « Si je ne suis pas rentré chez moi le 13 juin de cette année, je lègue tous mes biens à mon ami... » Je regrette, mais je suis incapable de lire ces mots. Il s'agit de votre nom, j'imagine?

Le notaire m'avait tendu la feuille, ce qui me donna l'occasion de voir que l'écriture de Klonk, si elle n'était pas des plus régulières, était parfaitement lisible. Je n'avais jamais vu quelqu'un qui soit d'aussi mauvaise foi.

— Bon, supposons qu'il s'agit bien de vous. Je poursuis ma lecture : « ... qui pourra en disposer à sa guise. Et je signe, sain de corps et d'esprit, en ce premier février, Klonk. » Voilà, c'est tout.

— Je peux donc en conclure que...

— Que rien du tout. D'abord,

nous sommes encore le treize juin, si je ne m'abuse. Rien ne prouve qu'il soit mort. Votre ami a encore quelques heures pour réapparaître, malheureusement. Dans ce cas, ce papier n'a aucune valeur.

— Et s'il ne revenait pas?

— Le papier n'aurait pas plus de valeur. Il n'est pas signé.

— Vous avez lu sa signature, pourtant.

— Ce que j'ai lu, c'est le mot Klonk. Qu'est-ce que ça veut dire, Klonk?

— C'est son surnom. Nous étions dans la même classe, à l'école...

— Ça ne vaut rien. Absolument rien. Si votre ami n'avait pas été aussi mesquin, il serait venu me consulter, et je lui aurais rédigé un véritable testament. Tout ce qu'on peut faire avec ce bout de papier, c'est le jeter à la poubelle. Je suis désolé.

Si le notaire Martineau était

vraiment désolé, pourquoi donc affichait-il un large sourire ?

Il ne me servait à rien de discuter plus longuement avec lui. Je suis donc rentré chez Klonk, d'où j'ai téléphoné à Agathe pour lui raconter les derniers événements. Comme elle ne savait pas plus que moi ce qu'il fallait penser de cette affaire, nous avons convenu qu'il valait mieux que je reste chez lui en attendant de nouveaux développements.

Je n'avais pas osé parler à Agathe du chat à trois pattes : elle aurait certainement pensé que j'étais devenu fou.

Elle aurait sans doute eu raison : j'étais déjà à moitié fou. Avec ce qui allait suivre, j'allais le devenir totalement.

CHAPITRE
DIX

Le chat avait bien mangé et s'était étendu sur le sofa, où il se lavait avec soin. Il en avait grand besoin, le pauvre. Son poil était couvert de goudron et d'huile à moteur, et si inextricablement emmêlé qu'il devait utiliser ses dents comme un peigne. Il s'arrachait de grosses touffes de poils qu'il avait ensuite bien du mal à recracher. J'ai pensé lui donner un bain, mais le chat n'aurait sans doute pas apprécié. Et Klonk encore moins.

Il était si sale que je n'osais pas le flatter. Aurait-il été propre que je n'aurais peut-être pas osé non plus, à bien y réfléchir.

Le chat s'est ainsi lavé pendant près d'une heure, et il avait maintenant une allure à peu près convenable. Il est allé boire un peu d'eau à la cuisine, puis a décidé, semble-t-il, d'explorer la maison. Je le suivais pas à pas dans chacune des pièces, au cas où il voudrait ainsi m'indiquer quelque chose ou me livrer un message. Après avoir flairé les pattes des chaises de la cuisine, il a fait le tour du salon, s'attardant quelques instants à la bibliothèque.

Un des livres, semblait-il, attirait son attention. Était-ce à cause de l'odeur qui se dégageait de la couverture de cuir ou à cause du titre, *L'hypnose à la portée de tous?*

Un traité d'hypnose? Une idée folle a alors jailli de mon esprit : si Klonk avait vraiment été réincarné en chat et s'il avait perdu tout souvenir de ses vies antérieures, peut-être pourrait-il s'en rappeler si je réussissais à l'hypnotiser? Si les serpents

arrivent à hypnotiser leur proie, pourquoi un être humain n'arriverait-il pas à hypnotiser un chat ?

Les débutants, disait le livre, *arriveront rapidement à des résultats spectaculaires en utilisant un pendule. À défaut d'un véritable pendule d'hypnotiseur, n'importe quel objet brillant, suspendu à un fil, fera l'affaire*... Ce n'était pas une bonne idée, à mon avis. Quand on fait osciller quelque chose devant les yeux d'un chat, il pense à jouer bien plus qu'à s'endormir. *On peut aussi utiliser la flamme d'une bougie*... Oui, cela me semblait plus prometteur.

Ayant déniché une bougie et des allumettes dans une armoire de la cuisine, je suis retourné au salon, persuadé de retrouver le chat sur le sofa, qui semblait être son endroit de prédilection. Il n'était pas non plus dans le fauteuil, ni dans la salle à manger... Où avait-il pu se cacher ?

J'avais beau l'appeler, il faisait la sourde oreille.

J'ai fouillé dans toutes les pièces de la maison, en pure perte, pour le retrouver finalement dans un endroit qui lui avait sans doute paru très confortable : le cercueil!

— Regarde, mon chat, regarde cette flamme, et détends-toi...

Cela peut sembler ridicule, mais le chat fixait attentivement la flamme de ses yeux bien ronds, comme s'il consentait à se faire hypnotiser.

— Détends-toi, mon chat, détends-toi... Je vais bientôt te poser quelques questions, auxquelles tu répondras par un miaulement, si tu veux dire oui, et par deux miaulements si tu veux dire non... Concentre-toi sur cette flamme, mon chat, concentre-toi bien et réponds à ma question : te souviens-tu d'avoir vécu d'autres vies?

Au lieu d'un miaulement de

chat, j'ai entendu une sonnerie si stridente que j'ai sursauté. Mon cœur battait à tout rompre, comme si la sonnerie m'avait réveillé d'un étrange sommeil. À défaut d'avoir hypnotisé le chat, j'avais peut-être réussi à m'hypnotiser moi-même!

On a sonné une deuxième fois avant que je me décide à aller ouvrir la porte. Par la fenêtre, je voyais deux hommes assez costauds.

Un peu plus loin, dans la rue, je pouvais apercevoir un immense camion de déménagement, immobilisé en face de la maison. Deux autres hommes, tout aussi costauds, semblaient attendre des instructions.

— Vous êtes le propriétaire? m'a demandé le plus costaud des deux, aussitôt après que j'eus ouvert la porte.

— Non, je suis désolé, mon ami est absent pour le moment.

— Ça ne fait rien. Signez ici,

s'il vous plaît.

J'ai signé son formulaire, encore éberlué par tous ces événements.

— Bon, m'a-t-il dit ensuite, je ne suis pas fâché que ce travail soit terminé. Si on m'avait dit ce que je devais transporter, j'aurais sûrement refusé. Votre ami est-il un croque-mort ou quelque chose dans ce genre-là ?

— Un croque-mort ? Pas du tout, non...

— Peu importe, ça ne me regarde pas. On les met où ?

— Quoi donc ?

— Les douze cercueils que nous sommes allés chercher à l'aéroport. On les met où ?

CHAPITRE ONZE

J'avais dû déplacer les meubles pour que les déménageurs puissent disposer six cercueils dans le salon, quatre dans la salle à manger et deux autres dans la cuisine.

Le chat, incommodé par tous ces bruits, en avait profité pour prendre la poudre d'escampette.

Quand les déménageurs sont repartis, soulagés d'avoir terminé leur travail, ils m'ont laissé seul dans une maison qui était encombrée de treize cercueils. Un seul d'entre eux, celui de Klonk, était vide. Mais les autres, que contenaient-ils ? À en juger par les efforts des déménageurs, ils semblaient bien lourds...

Si j'avais été certain qu'ils contenaient de l'alcool de contrebande, des cigarettes ou de la drogue, je les aurais ouverts sans aucune crainte mais il arrive, après tout, que des cercueils contiennent des cadavres, ce que je n'avais pas la moindre envie de vérifier...

Tous ces cercueils étaient du même modèle que celui de Klonk et rien, à première vue, ne permettait de les distinguer l'un de l'autre. En les examinant attentivement, j'ai tout de même remarqué qu'un numéro était gravé sur chaque couvercle. Sur le côté des cercueils se trouvaient aussi des papiers certifiant qu'ils avaient été vérifiés à la douane.

Je n'ai pas eu le temps de poursuivre plus loin mon examen : on venait de sonner, une fois de plus, et j'ai sursauté encore plus que la première fois.

Quatre hommes attendaient à

la porte. Ils avaient l'air nerveux et leur mine était patibulaire. Un peu plus loin, je pouvais voir un camion jaune, loué à une agence.

— Vous avez reçu la marchandise?

— La marchandise?

Quand ils ont aperçu les cercueils, derrière moi, ils se sont aussitôt précipités dans la maison.

— Ils sont là! Ils sont là, tous! Prenez les numéros trois, quatre, six et neuf, faites vite!

Les hommes, qui me semblaient à la fois soulagés et inquiets, parlaient avec un accent espagnol. En moins de temps qu'il n'en faut pour le dire, ils avaient emporté quatre cercueils.

Ils n'avaient pas aussitôt tourné le coin de la rue qu'un autre camion de location s'arrêtait devant la maison. Quatre hommes, mais qui parlaient anglais, cette fois, m'ont débarrassé de trois cercueils.

Dix minutes plus tard, une troisième équipe, formée uniquement de Québécois, venait en chercher quatre autres.

J'en étais certain, maintenant : la pègre avait recommencé à utiliser le bon vieux truc des cercueils pour transporter des articles de contrebande. Que pouvait-il bien y avoir dans ces caisses ? De l'alcool, des armes, des cigarettes, de la drogue ? Comment avaient-ils réussi à passer la douane ? Et pourquoi ces cercueils avaient-ils abouti chez Klonk ? Avait-il été mêlé à cette fraude ?

Pour en avoir le cœur net, il n'y avait qu'une solution : ouvrir le dernier cercueil, que personne n'était encore venu réclamer. Il me fallait faire vite, avant qu'une autre équipe de déménageurs n'arrive.

Je me suis approché du cercueil qui trônait au milieu du salon, impatient de voir ce qu'il contenait. J'étais au moins rassuré : cela pouvait être n'importe quoi, mais certainement pas un cadavre.

Le couvercle était fermé par deux loquets, très faciles à ouvrir. Je l'ai soulevé lentement, en retenant mon souffle, et j'ai failli m'évanouir. Le cercueil ne contenait pas de marchandises, mais un corps. Celui de Klonk.

C'était bel et bien Klonk qui était étendu là, immobile, les mains croisées sur la poitrine et le visage si pâle qu'il semblait presque phosphorescent.

Quand le cadavre m'a fait un clin d'œil, je me suis évanoui pour de bon.

CHAPITRE DOUZE

J'ai senti quelque chose de frais sur mon front, comme si on l'humectait avec une serviette trempée dans l'eau froide.

J'ai repris peu à peu conscience et mon cerveau, encore embrouillé, tentait vainement de comprendre ce qui s'était passé : le chat, les camions, les cercueils, Klonk...

— Klonk! C'est toi!

— Bien sûr que c'est moi! Si j'avais su que mon arrivée provoquerait un tel effet, j'aurais téléphoné pour te prévenir.

— As-tu souvent vu un mort ressusciter, toi?

— J'ai déjà entendu parler de quelqu'un qui avait fait ça, il y a bien longtemps, mais j'admets que c'est plutôt rare... Pourquoi as-tu pensé que j'étais mort? Tu n'as donc rien deviné?

— Deviné quoi? Comment aurais-je pu deviner que tu mourrais un peu, que tu te réincarnerais en chat et que tu ressusciterais finalement dans un cercueil livré par la pègre?

— Tu délires complètement, mon pauvre ami! Prends le temps de te remettre de tes émotions, je dois aller répondre à la porte.

— À la porte? Quelqu'un a sonné?

— Pas encore, mais ça ne saurait tarder.

Il venait tout juste de terminer sa phrase que la sonnette retentissait. J'avais beau avoir été prévenu, j'ai sursauté une fois de plus.

Tandis que j'essayais de reprendre mes esprits, me pinçant même pour m'assurer que je ne rêvais pas, Klonk était en grande conversation avec deux individus qui me semblaient être des inspecteurs de police. D'où j'étais, je ne pouvais entendre que des bribes de leurs propos : *comme sur des roulettes, toutes nos équipes sont sur leurs traces, nous allons bientôt les arrêter...*

Les deux policiers n'en finissaient plus de féliciter Klonk qui semblait, pour sa part, avoir hâte d'en finir. Il a finalement réussi à les congédier en prétextant qu'il devait se reposer, et leur a donné rendez-vous pour le lendemain.

— Un verre de brandy? me dit-il en revenant au salon. Ça me ferait du bien, à moi aussi : je me sens un peu ankylosé. Le cercueil était confortable, mais c'est tout de même long, trois heures d'avion... Il doit m'en rester une bouteille, quelque part... En attendant, tu devrais aller inspecter le cercueil, c'est très instructif.

Fidèle à lui-même, Klonk n'a pas attendu ma réponse pour se

diriger vers la cuisine, à la recherche de sa bouteille.

Je suis donc allé inspecter le cercueil. N'étant pas expert en la matière, je n'y voyais rien d'anormal. Des draps de satin, un oreiller...

— Si tu n'as pas encore trouvé, me dit-il depuis la cuisine, soulève le drap, du côté droit.

J'ai fait comme il me l'avait dit, et j'ai découvert une petite boîte noire, de la grosseur d'un téléphone, et couverte de boutons et de manettes qui devaient sans doute contrôler la température de l'air et la ventilation. Des fils presque invisibles reliaient cette boîte à un écran vidéo, dissimulé à l'intérieur du couvercle.

— C'est ce qu'on pourrait appeler un cercueil de voyage, me dit Klonk en me tendant un verre. Excuse-moi si j'ai mis un peu de temps, il fallait que j'enlève ce maquillage mortuaire...

— Un cercueil de voyage?

J'étais si hébété que je ne pouvais que répéter ce qu'il avait dit, cherchant à comprendre à quoi cela pouvait bien servir.

— Le bon vieux truc des cercueils, oui, sauf qu'on ne les utilise plus pour transporter de la marchandise mais plutôt les contrebandiers eux-mêmes.

— Les autres cercueils contenaient donc...

— Des trafiquants, oui, et parmi les plus dangereux d'Amérique, recherchés depuis longtemps par toutes les polices du monde. On avait beau surveiller les aéroports, ils réussissaient toujours à passer entre les mailles du filet. On les voyait réapparaître un peu plus tard, dans un autre pays, sous une nouvelle identité... Personne ne se doutait qu'ils avaient simplement repris le vieux truc des cercueils, à peine modifié. Avec un bon maquillage et un certain entraînement à l'immobilité, les douaniers n'y voyaient que du feu.

— Ton voyage, en Amérique du Sud et aux États-Unis...

— Je suis allé vendre des cercueils aux trafiquants de drogue, tout simplement. Ceux qu'ils utilisaient auparavant étaient efficaces, mais terriblement désuets. J'ai passé une partie de l'hiver à fabriquer des cercueils de luxe : climatisation, chaîne stéréo intégrée, et même un ordinateur de bord pour jouer à des jeux vidéo... Un simple bricolage à la portée du premier venu. Si j'avais voulu, j'aurais pu en vendre des centaines. À quarante mille dollars chacun, l'affaire était rentable. Ce qu'ils ne savent pas, cependant, c'est que mes petites boîtes noires contiennent aussi un émetteur radio. Ils auront beau changer douze fois de camion, et même s'envoler vers d'autres pays, ils ne réussiront pas à s'enfuir. Je paierais cher pour voir la tête qu'ils feront quand ils ouvriront le couvercle...

Je buvais mon verre de brandy, encore estomaqué par ces révélations. L'imagination de Klonk n'avait vraiment pas de limites. Mais qu'est-ce que je venais faire dans cette histoire, moi?

— Bonne question, en effet. Je t'avais promis des aventures, non? Il me semble que tu as été bien servi. Et puis il me fallait bien quelqu'un pour ouvrir le couvercle...

— Et le notaire, le testament?

— Je devais m'assurer que tu sois chez moi au moment de la livraison des cercueils... Et puis l'idée d'embêter un peu cette vieille tarte de Martineau ne me déplaisait pas du tout. Quel abruti, celui-là... Cela étant dit, je meurs de faim. Qu'est-ce que tu dirais d'un repas au restaurant?

— D'accord, à condition que ce ne soit pas un restaurant tournant.

▲ ▲ ▲

Comme nous sortions de la maison, le chat à trois pattes est venu frôler nos jambes.

— Tu le connais? ai-je demandé à Klonk.

— Un peu, oui. C'est un chat errant qui vient me rendre visite, de temps à autre. Je ne sais pas pourquoi au juste, je l'ai toujours trouvé sympathique...

Klonk a flatté le chat à trois pattes. Quand je l'ai entendu lui parler comme à un être humain, je me suis senti rassuré : je ne suis pas le seul à parler aux animaux! Ce qu'il lui a dit, cependant, ne m'a pas rassuré :

— Tu sais que j'ai pensé à toi, mon chat, dans mon cercueil? Je me disais que ce serait bien, quand même, de mourir un peu. Qui sait si je ne me réincarnerais pas en chat à trois pattes, moi aussi?

— Ce n'est vraiment pas une bonne idée, ai-je aussitôt répliqué.

Qu'est-ce qui se passerait, si tu te réincarnais en souris à trois pattes?

— C'est juste, je n'y avais pas réfléchi. *N'empêche que ce serait une expérience passionnante...*

Klonk, en me voyant pâlir d'inquiétude, a éclaté de rire.

— Ne t'inquiète pas, voyons! Je n'ai pas du tout envie de mourir, même pas un tout petit peu... En fait, j'aurais plutôt envie de vivre doublement, si tu vois ce que je veux dire.

— Vivre doublement? Je ne vois pas, non.

— C'est une idée que je caresse depuis quelque temps; je t'en reparlerai quand elle sera bien mûre.

J'aurais pu le presser de questions, mais je ne m'en sentais pas le courage. Je n'avais pas du tout le goût de vivre une autre aventure de cimetières et de cercueils.

— Ne t'inquiète pas, a alors

dit Klonk comme s'il lisait dans mon esprit. Ce sera une belle histoire très douce et très simple, enfin je l'espère... Au fait, est-ce je devrais couper ma barbe?

— Ce serait peut-être une bonne idée, ça te rajeunirait.

— J'en aurai bien besoin!

Je regardais Klonk qui marchait lentement et qui avait, pour une fois, un air détendu. Vivre doublement? Une histoire douce et très simple? Couper sa barbe? Non, vraiment, je n'arriverais jamais à lire dans ses pensées, et encore moins à le comprendre.